AF221713

Impressum
Verlag: BABADADA GmbH, Nedderfeld 112 , 22529 Hamburg
Geschäftsführer / Verlagsleitung: Harald Hof
Druck: Books on Demand GmbH, In de Tarpen 42, 22848 Norderstedt

Imprint
Publisher: BABADADA GmbH, Nedderfeld 112 , 22529 Hamburg, Germany
Managing Director / Publishing direction: Harald Hof
Print: Books on Demand GmbH, In de Tarpen 42, 22848 Norderstedt, Germany

kool
makaranta

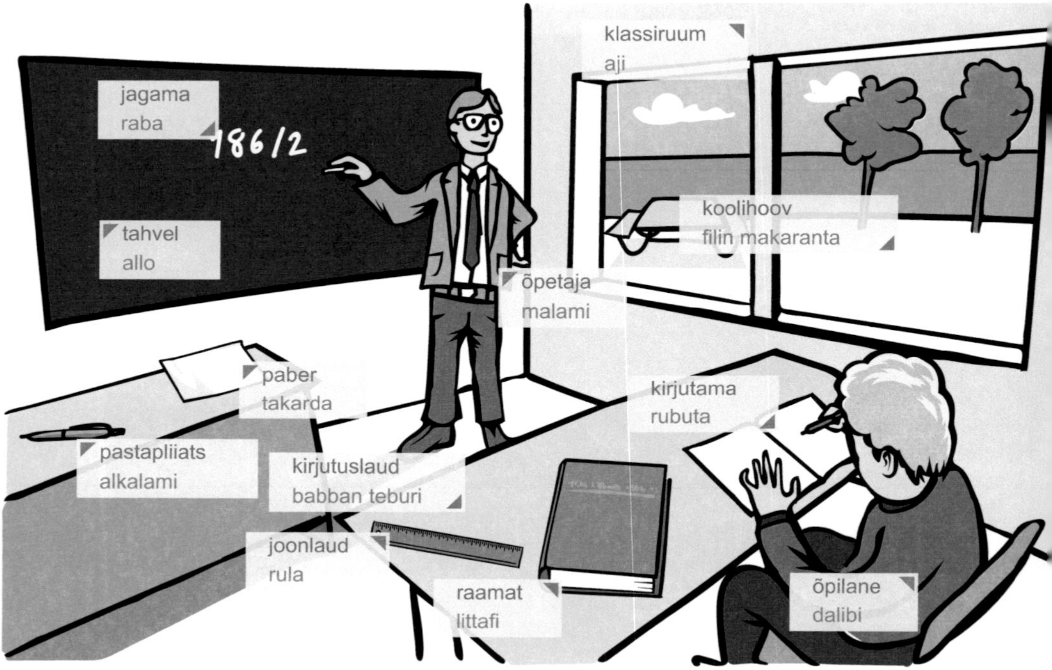

klassiruum
aji
jagama
raba
186/2
tahvel
allo
koolihoov
filin makaranta
õpetaja
malami
paber
takarda
kirjutama
rubuta
pastapliiats
alkalami
kirjutuslaud
babban teburi
joonlaud
rula
raamat
littafi
õpilane
dalibi

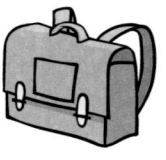

koolikott

jakar makaranta

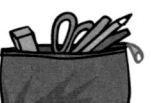

pinal

gidan fensir

harilik pliiats

fensir

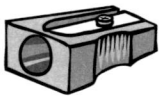

pliiatsiteritaja

abin fike fensir

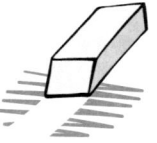

kustukumm

kilina

joonistusplokk

kwalin zane

joonistus
zane

pintsel
burushin fenti

värvikarp
gwangwanin fenti

käärid
almakashi

liim
gam

töövihik
littafi aiki

kodutöö
aikin gida

number
lamba

liitma
kara

lahutama
debe

korrutama
yi sau

arvutama
kwakuleta

täht
wasika

tähestik
harafi

sõna
kalma

tekst

rubutu

lugema

karanta

kriit

alli

koolitund

darasi

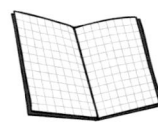

klassipäevik

rijista

eksam

jarabawa

tunnistus

satifiket

koolivorm

kayan makaranta

haridus

ilimi

entsüklopeedia

kundin ilimi

ülikool

jami'a

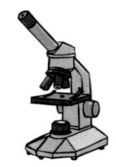

mikroskoop

madubin kimiyya

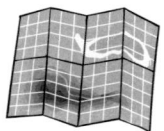

kaart

taswira

paberikorv

kwandon shara

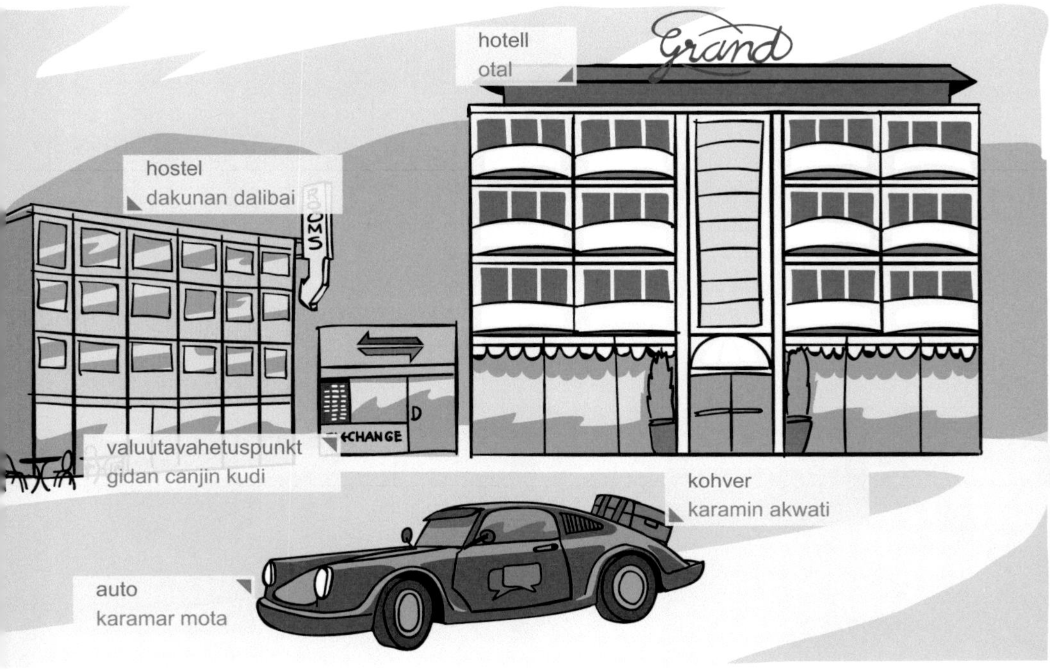

hotell
otal
Grand
hostel
dakunan dalibai
ROOMS
EXCHANGE
valuutavahetuspunkt
gidan canjin kudi
kohver
karamin akwati
auto
karamar mota

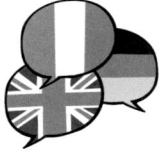

keel
yare

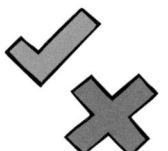

jah / ei
e/a'a

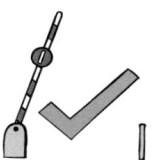

okei
Ya yi

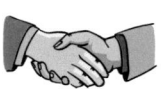

Tere!
barka dai

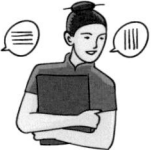

tõlk
mai fassara

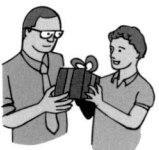

Aitäh!
Na gode

Kui palju maksab …?

nawa ne…?

Ma ei saa aru

ban gane ba

probleem

matsala

Tere õhtust!

Barka da yamma!

Tere hommikust!

Ina kwana!

Head ööd!

barka da dare!

Head aega!

sai an jima

suund

alkibla

pagas

kaya

kott

jaka

seljakott

jakar goyawa

külaline

bako

tuba

daki

magamiskott

jakar barci

telk

tanti

turismiinfo

bayanin dan yawon bude-ido

rand

bakin ruwa

krediitkaart

katin banki

hommikusöök

karin kumallo

lõunasöök

abincin rana

õhtusöök

abincin dare

pilet

tikiti

lift

daga

postmark

hatimi

riigipiir

iyaka

toll

kudin fiton kaya

saatkond

ofishin jakadanci

viisa

biza

pass

fasfo

transport
abin hawa

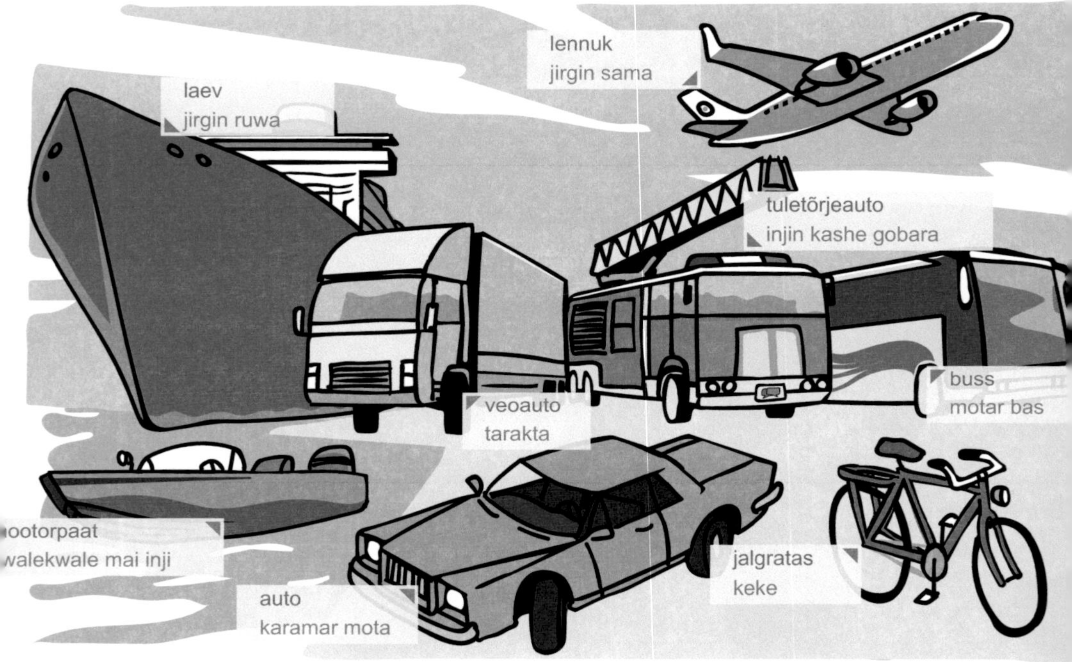

lennuk
jirgin sama
laev
jirgin ruwa
tuletõrjeauto
injin kashe gobara
buss
motar bas
veoauto
tarakta
ootorpaat
walekwale mai inji
jalgratas
keke
auto
karamar mota

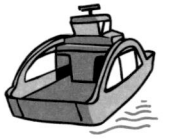

praam

karamin jirgin ruwa

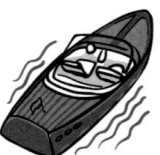

paat

kwalekwale

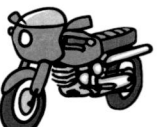

mootorratas

babur

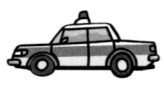

politseiauto

motar 'yansanda

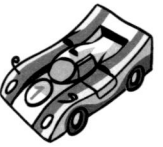

võidusõiduauto

motar tsere

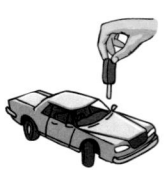

rendiauto

motar haya

ühisauto

tarayyar karamar mota

puksiirauto

babbar mota da ta lalace

prügiauto

motar shara

mootor

mota

kütus

mai

tankla

gidan mai

liiklusmärk

alamar titi

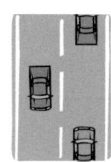

liiklus

zirga-zirga

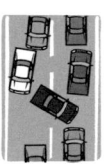

liiklusummik

cunkoson ababen hawa

parkla

wurin ajiye mota

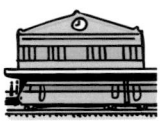

raudteejaam

tashar jirgin kasa

rööpad

filin tsere

rong

jirgin kasa

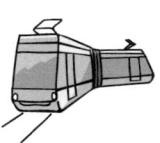

tramm

jirgin kasa mai kyabil

vagun

keken doki

transport - abin hawa

9

helikopter

helikwafta

lennujaam

filin jirgin sama

torn

hasumiya

reisija

fasinja

konteiner

mazubi

pappkast

kwali

käru

amalanke

korv

kwando

õhku tõusma / maanduma

tashi / sauka

linn

birni

küla

kauye

kesklinn

tsakiyar birni

maja

gida

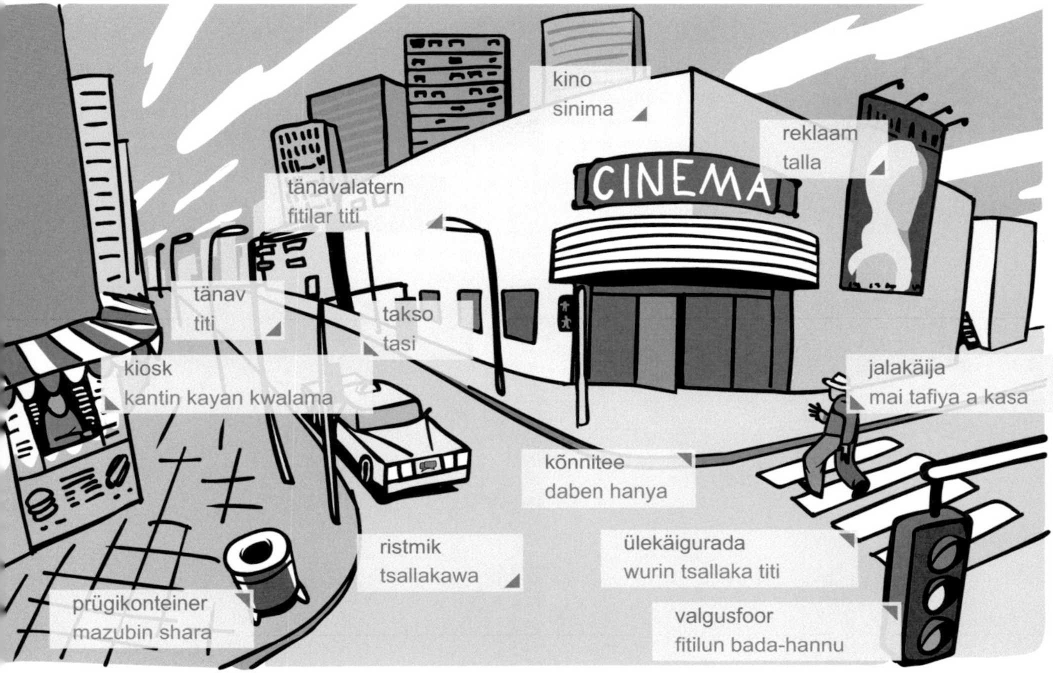

kino
sinima

reklaam
talla

tänavalatern
fitilar titi

CINEMA

tänav
titi

takso
tasi

jalakäija
mai tafiya a kasa

kiosk
kantin kayan kwalama

kõnnitee
daben hanya

ristmik
tsallakawa

ülekäigurada
wurin tsallaka titi

prügikonteiner
mazubin shara

valgusfoor
fitilun bada-hannu

osmik

bukka

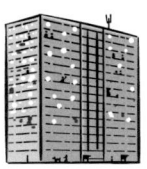

kortermaja

shafaffe

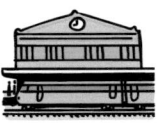

raudteejaam

tashar jirgin kasa

raekoda

dakin taro

muuseum

gidan kayan tarihi

kool

makaranta

ülikool

jami'a

pank

banki

haigla

asibiti

hotell

otal

apteek

kantin magani

kontor

ofis

raamatupood

kantin littattafai

kauplus

kanti

lillepood

mai sayar da furanni

supermarket

babban kanti

turg

kasuwa

kaubamaja

kanti mai sassa

kalapood

shagon sayar da kifi

kaubanduskeskus

wurin sayayya

sadam

matsayar jiragen ruwa

park

ma'ajiyar motoci

pink

benci

sild

gada

trepp

kafar bene

metroo

karkashin kasa

tunnel

ramin karkashin kasa

bussipeatus

matsayar bas

baar

mashaya

restoran

gidan abinci

postkast

akwatin sakonni

tänavasilt

alamar titi

parkimisautomaat

mitar ajiye motoci

loomaaed

gidan namun daji

ujula

kwamin iyo

mošee

masallaci

talu
gona

reostus
gurbata

surnuaed
makabarta

kirik
coci

mänguväljak
filin wasanni

tempel
dakin bauta

maastik
fadin kasa

leht
ganye

teeviit
turken alama

tee
hanya

aas
makiyaya

kivi
dutse

puu
bishiya

matkaja
mai tattaki

jõgi
korama

rohi
ciyawa

lill
fure

org
kwazazzabo

mägi
tudu

järv
tafki

mets
daji

kõrb
hamada

vulkaan
amon dutse

linnus
fada

vikerkaar
bakan-gizo

seen
malafar jaki

palm
bishiyar kwakwar manja

sääsk
sauro

kärbes
kuda

sipelgas
tururuwa

mesilane
zuma

ämblik
gizo

mardikas

burgunguma

konn

kwado

orav

kurege

siil

bushiya

jänes

zomo

öökull

mujiya

lind

tsuntsu

luik

agwagwar ruwa

metssiga

aladen daji

hirv

namijin barewa

põder

kanki

pais

dam

tuuleturbiin

lantarki mai iska

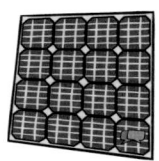

päikesepaneel

farantin hasken rana

kliima

yanayi

restoran
gidan abinci

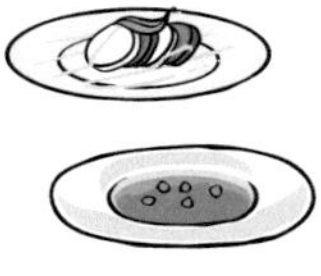

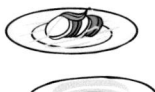

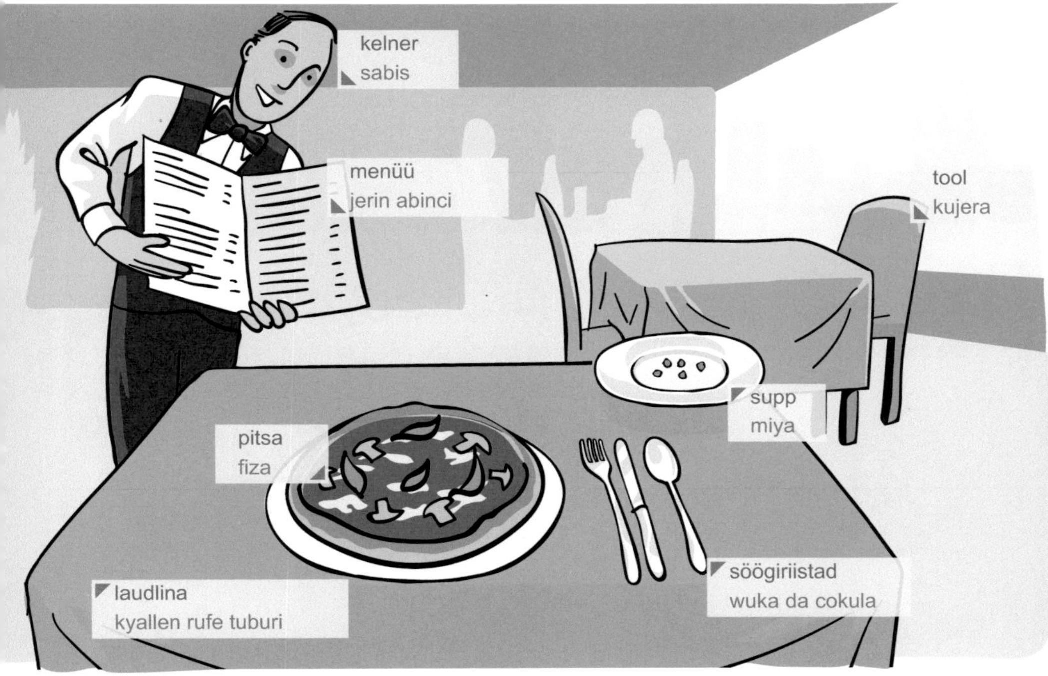
kelner
sabis
menüü
jerin abinci
tool
kujera
supp
miya
pitsa
fiza
laudlina
kyallen rufe tuburi
söögiriistad
wuka da cokula

eelroog

makunni

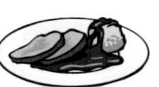

pearoog

babban abinci

magustoit

kayan zaki

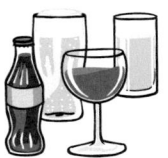

joogid

kayan sha

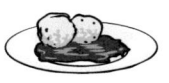

toit

abinci

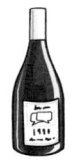

pudel

kwalba

kiirtoit

abincin tafi-da-gidanka

tänavatoit

abincin titi

teekann

tukunyar shayi

suhkrutoos

kwanon sikari

portsjon

gutsire

espressomasin

injin hada kofi

lastetool

kujera mai tudu

arve

doka

kandik

tire

nuga

wuka

kahvel

cokali mai yatsu

lusikas

cokali

teelusikas

cokalin shayi

salvrätik

kyallen cin abinci

klaas

gilashi

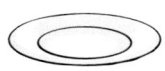

taldrik
faranti

supitaldrik
farantin miya

alustass
farantin kofi

kaste
hadin dandano

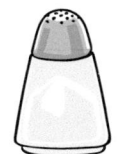

soolatoos
mazubin gishiri

pipraveski
abin nikan yaji

äädikas
lamurje

õli
mai

vürtsid
kayan dandano

ketšup
miyar tumatir

sinep
mustad

majonees
mayonnaise

supermarket
babban kanti

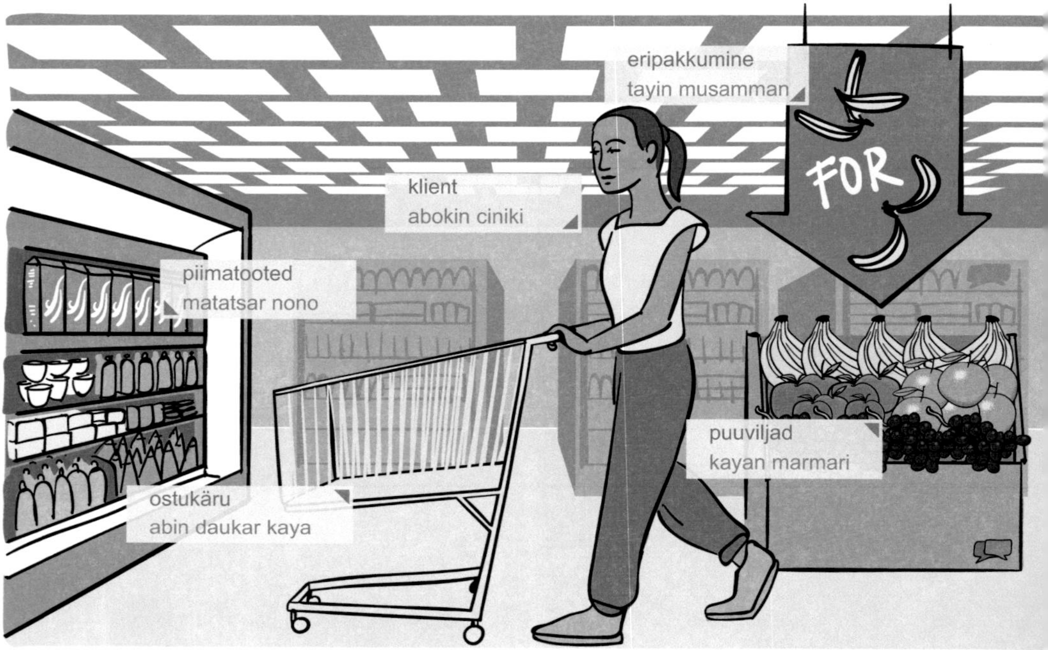
eripakkumine
tayin musamman
FOR
klient
abokin ciniki
piimatooted
matatsar nono
puuviljad
kayan marmari
ostukäru
abin daukar kaya

BUTCHERS

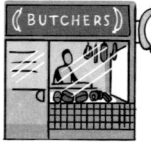

lihapood
na mahauci

BAKERY

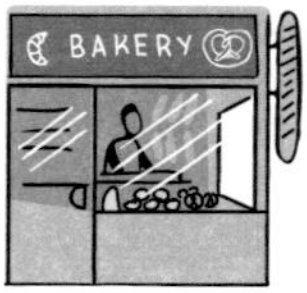

pagariäri
shagon mai burodi

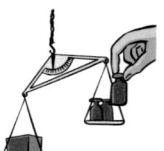

kaaluma
auna nauyi

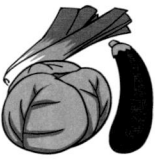

köögiviljad
kayan lambu

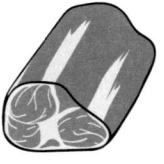

liha
nama

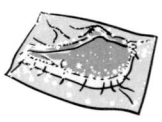

külmutatud toit
darkararren abinci

lihalõigud

nama mai sanyi

konservid

abincin gwangwani

pesupulber

garin sabulun wanki

maiustused

alewa

majatarbed

kayan amfanin gida

puhastustooted

kayan tsafta

müüja

mai sayarwa

kassaaparaat

haro

kassapidaja

mai biyan kudi

ostunimekiri

jerin kayan sayayya

lahtiolekuajad

sa'o'in budewa

rahakott

alabe

krediitkaart

katin banki

kott

jaka

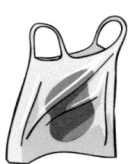

kilekott

jakar roba

vesi

ruwa

mahl

ruwan 'ya'yan itace

piim

madara

koola

coke

vein

barasa

ōlu

giya

alkohol

barasa

kakao

koko

tee

shayi

kohv

kofi

espresso

bakin kofi

cappuccino

kofi mai madara

banaan

ayaba

õun

tufa

apelsin

lemon zaki

arbuus

kankana

sidrun

lemon tsami

porgand

karas

küüslauk

tafarnuwa

bambus

gora

sibul

albasa

seen

kunnen-jaki

pähklid

dangin gyada

nuudlid

dangin taliya

spagetid

sufageti

riis

shinkafa

salat

man salak

friikartulid

sala-sala

praekartulid

soyayyen dankali

pitsa

fiza

hamburger

hambaga

võileib

sanwich

šnitsel

kwan nama

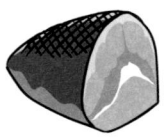

sink

naman alade

salaami

salami

vorst

kilishin turawa

kana

kaza

praeliha

gashi

kala

kifi

kaerahelbed

kamun oats

müsli

muesli

maisihelbed

kwamfiles

jahu

fulawa

sarvesai

fanke

kukkel

yankan burodi

leib

burodi

röstsai

gashi

küpsised

biskit

või

bota

kohupiim

man shanu

kook

kek

muna

kwai

praemuna

soyayyen kwai

juust

cuku

jäätis
askirim

suhkur
sikari

mesi
zuma

moos
jam

pähklivõie
cakuletin shafawa

karri
kori

talu

gona

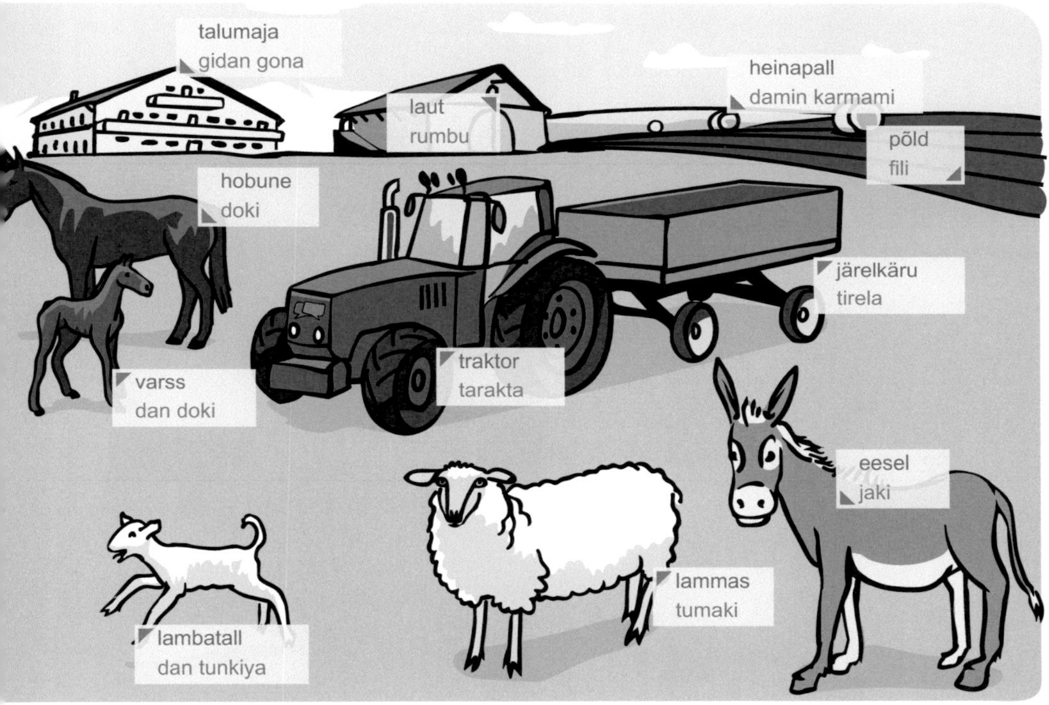
talumaja
gidan gona
laut
rumbu
heinapall
damin karmami
põld
fili
hobune
doki
järelkäru
tirela
varss
dan doki
traktor
tarakta
eesel
jaki
lammas
tumaki
lambatall
dan tunkiya

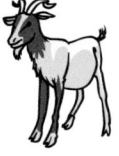

kits

akuya

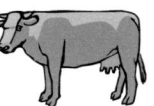

lehm

saniya

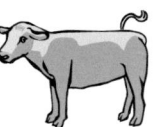

vasikas

maraki

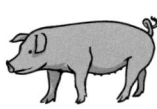

siga

alade

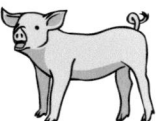

põrsas

dan alade

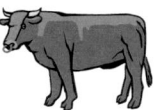

pull

bajimi

hani
dinya

part
agwagwa

tibu
dan tsako

kana
kaza

kukk
zakara

rott
bera

kass
kyanwa

hiir
bera

härg
takarkari

koer
kare

koerakuut
dakin kare

aiavoolik
bututun lambu

kastekann
bokitin ban-ruwa

vikat
ashasha

ader
garma

sirp
lauje

kõblas
fartanya

hang
cebur mai yatsu

kirves
gatari

käru
wilbaro

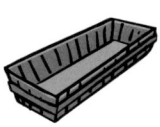

küna
mazubin abincin dabbobi

piimanõu
gwangwanin madara

kott
buhu

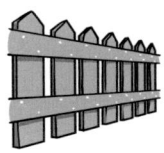

tara
shinge

tall
barga

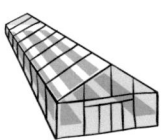

kasvuhoone
koren-gida

muld
rairai

seeme
iri

väetis
taki

kombain
injin girbi da sussuka

saaki koristama

girbe

saagikoristus

girbi

jamss

doya

nisu

alkama

soja

waken soya

kartul

dankali

mais

dawa

raps

furen mai

viljapuu

bishiyar kayan marmari

maniokk

rogo

teravili

hatsi

maja
gida

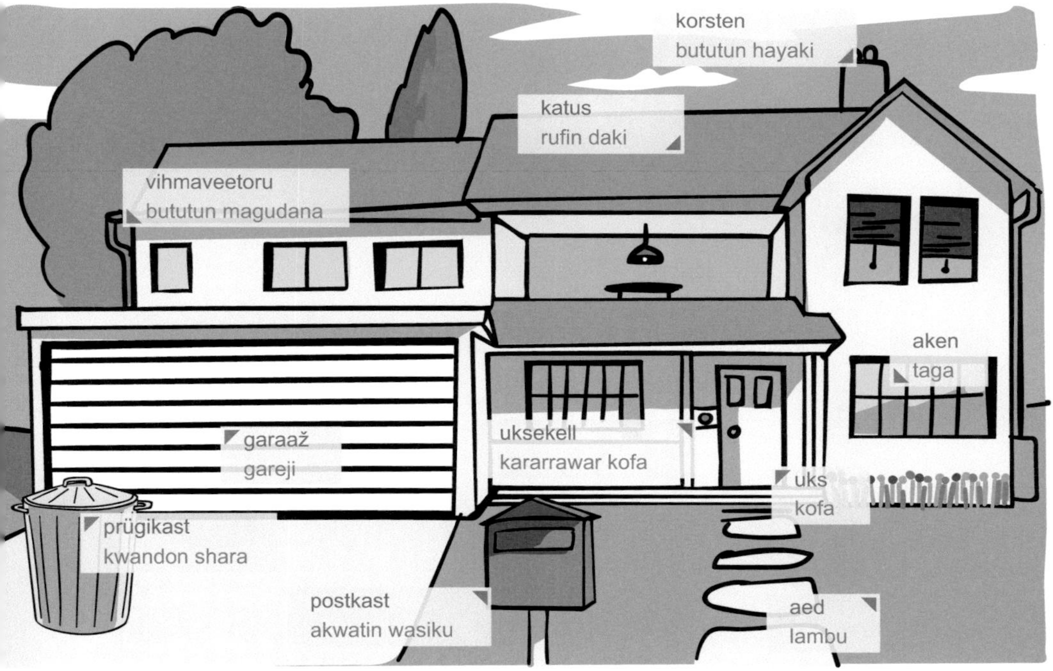
korsten
butuntun hayaki
katus
rufin daki
vihmaveetoru
bututun magudana
aken
taga
garaaž
gareji
uksekell
kararrawar kofa
uks
kofa
prügikast
kwandon shara
postkast
akwatin wasiku
aed
lambu

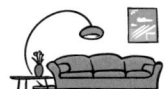

elutuba

falo

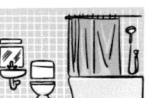

vannituba

dakin wanka

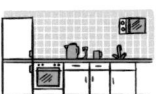

köök

kicin

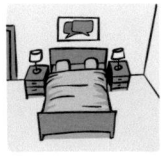

magamistuba

dakin kwana

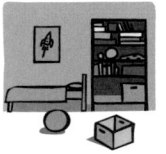

lastetuba

dakin yaro

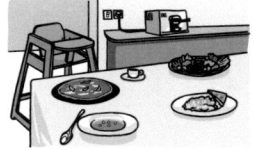

söögituba

dakin cin abinci

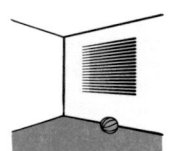

põrand

dabe

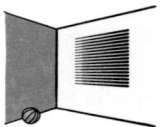

sein

bango

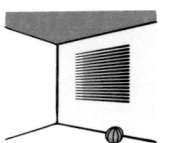

lagi

sili

kelder

dakin karkashin kasa

saun

wurin wankan dumi

rõdu

barandar bene

terrass

baranda

bassein

gulbin ninkaya

muruniiduk

injin yanke ciyawa

voodilina

kwano

päevatekk

zanen gado

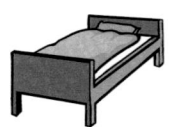

voodi

gado

luud

tsintsiya

ämber

bokiti

lüliti

makunni

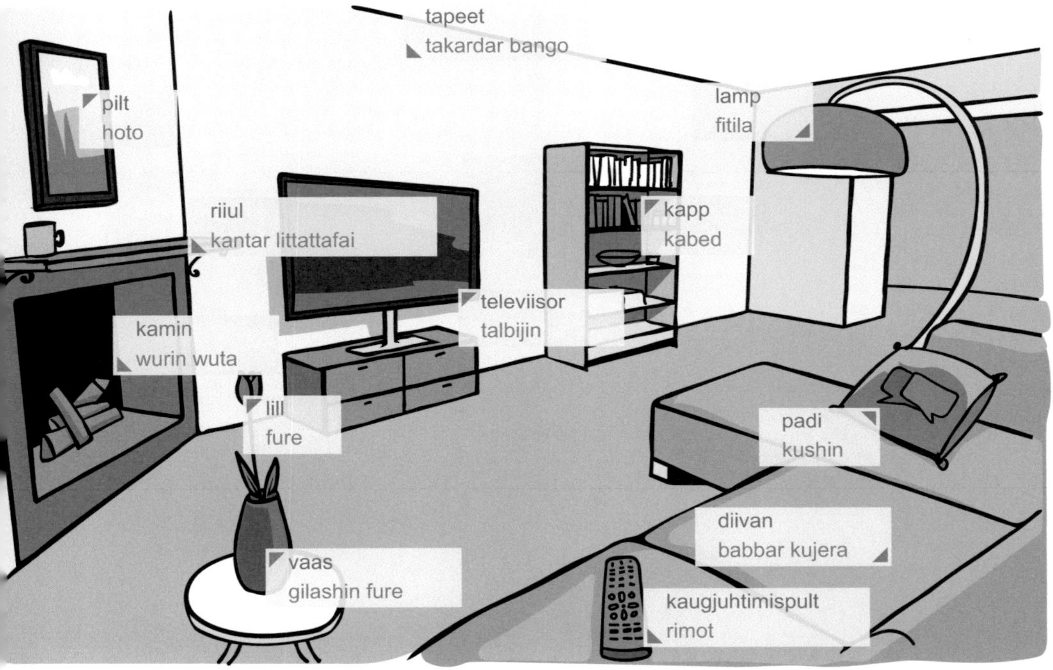

tapeet
takardar bango

pilt
hoto

lamp
fitila

riiul
kantar littattafai

kapp
kabed

kamin
wurin wuta

televiisor
talbijin

lill
fure

padi
kushin

diivan
babbar kujera

vaas
gilashin fure

kaugjuhtimispult
rimot

vaip
darduma

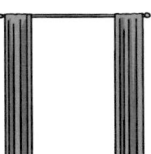

kardin
labule

laud
teburi

tool
kujera

kiiktool
kujera mai shillo

tugitool
kujera mai hannu

raamat

littafi

tekk

bargo

kaunistus

kwalliya

küttepuud

itacen girki

film

fim

helisüsteem

kayan hi-fi

võti

makulli

ajaleht

jarida

maal

zanen fenti

plakat

fasta

raadio

rediyo

märkmik

takardar rubutu

tolmuimeja

na'urar share darduma

kaktus

murtsunguwa

küünal

kyandir

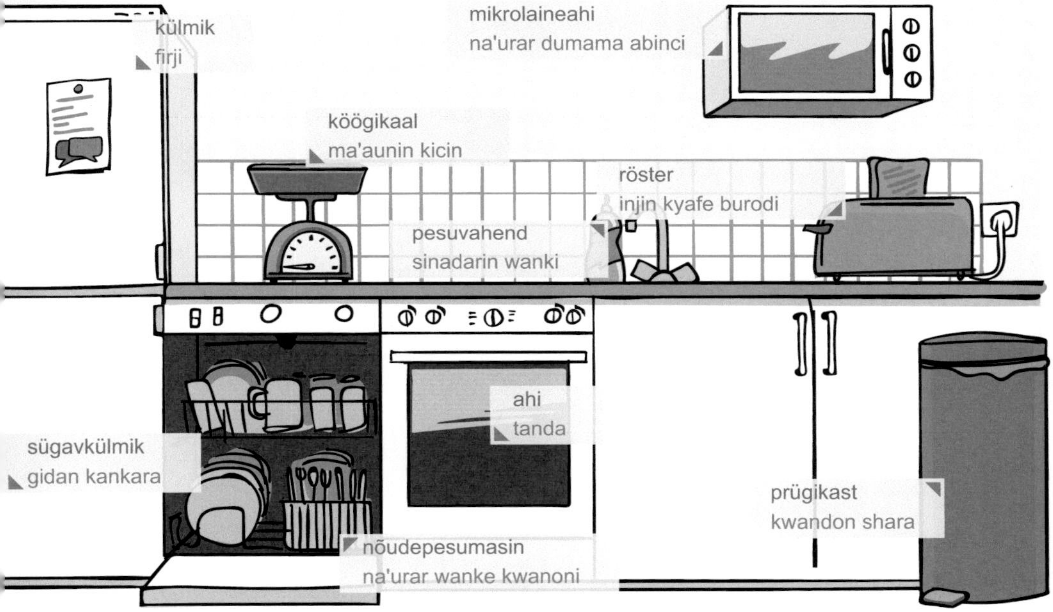

külmik
firji

mikrolaineahi
na'urar dumama abinci

köögikaal
ma'aunin kicin

röster
injin kyafe burodi

pesuvahend
sinadarin wanki

ahi
tanda

sügavkülmik
gidan kankara

prügikast
kwandon shara

nõudepesumasin
na'urar wanke kwanoni

pliit

cooker

pott

tukunya

malmpott

tukunyar alminiyum

vokkpann

kwanon suya

pann

kwanan suya

veekeetja

buta

aurutaja

tukunyar dumi

küpsetusplaat

kwanan gashi

lauanõud

kayan tangaran

kruus

tambulan

kauss

kwano

söögipulgad

tsinkayen cin abinci

kulp

ludayi

pannilabidas

ludayin suya

vispel

makadin kwai

kurn

rariya

sõel

mataci

riiv

na'urar nika

uhmer

turmi

grill

balangu

lahtine tuli

wutar sarari

lõikelaud
katakon yanke-yanke

tainarull
katakon murji

korgitser
mabudin kwalba

konservipurk
gwangwani

konserviavaja
mabudin gwangwani

pajakinnas
hannun tukunya

kraanikauss
wurin wanke-wanke

hari
burushi

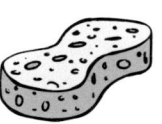

pesukäsn
soso

kannmikser
bilenda

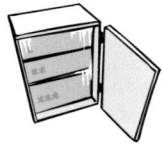

sügavkülmuti
babban gidan kankara

lutipudel
bulumboti

segisti
famfo

köök - kicin

vannituba
dakin wanka

küte
bada dumi
käterätik
tawul
dušš
shaya
dušikardin
labulen wanka
mullivann
wankan kumfa
vann
kwamin wanka
klaas
gilashi
pesumasin
injin wanki
segisti
famfo
plaadid
tayil
pissipott
fo
kraanikauss
wurin wanke-wanke

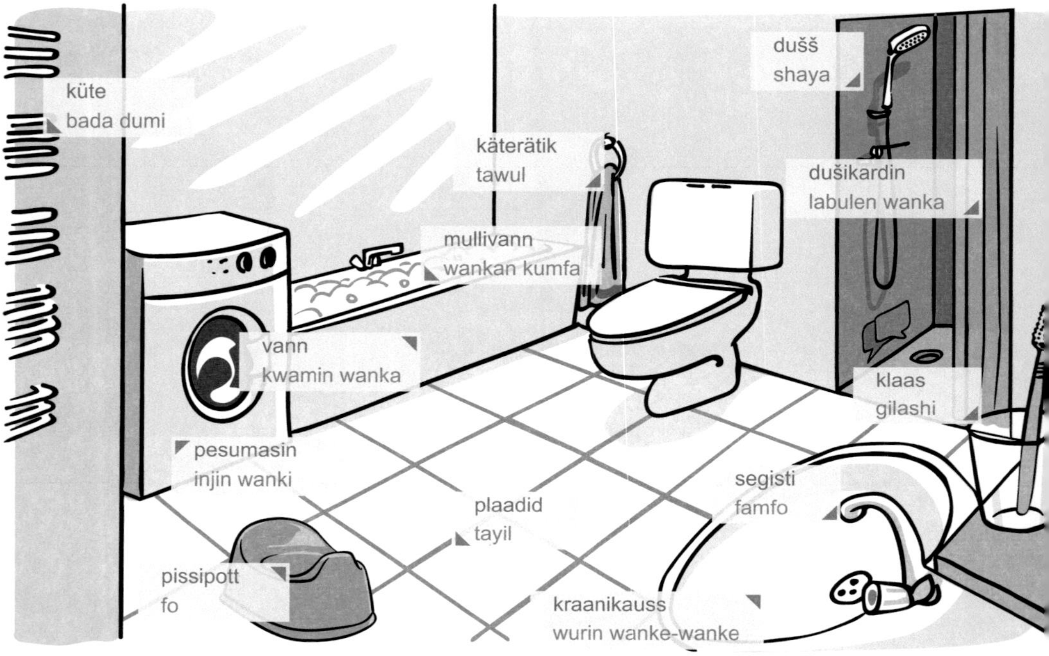

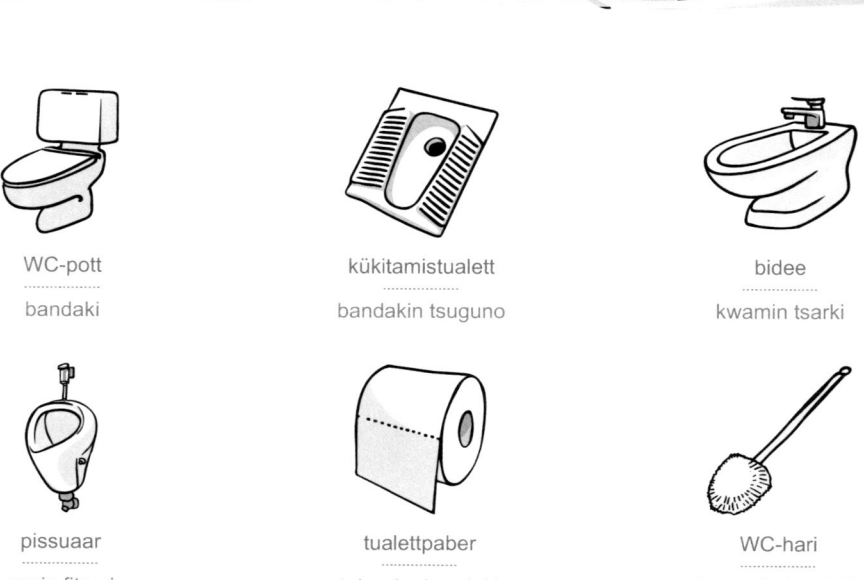

WC-pott

bandaki

kükitamistualett

bandakin tsuguno

bidee

kwamin tsarki

pissuaar

wurin fitsari

tualettpaber

takardar bandaki

WC-hari

burushin bandaki

hambahari

burushin hakori

hambapasta

man hakori

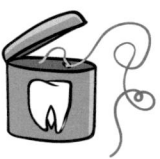

hambaniit

zaren sakace

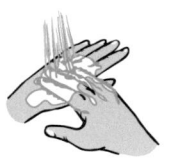

pesema

wanke

käsidušš

shayar hannu

intiimdušš

wankin farji

pesukauss

kwamin wanke hannu

seljahari

burushin wanke baya

seep

sabulu

dušigeel

ruwan sabulun wanka

šampoon

man gyaran gashi

vamm

tsumman wanka

äravool

lambatu

kreem

kirim

deodorant

turaren kamshi

peegel

madubi

käsipeegel

madubin hannu

habemenuga

reza

raseerimisvaht

man yaran fuska

habemevesi

man aski

kamm

mataji

hari

burushi

föön

na'urar busar da gashi

juukselakk

man gashi

meigikomplekt

kwalliya

huulepulk

jan-baki

küünelakk

man farce

vatt

audugar goge kunne

küünekäärid

almakashin yankan farce

parfüüm

turare

tualett-tarvete kott

jakar wanka

taburet

bahaya

kaal

ma'aunin nauyi

hommikumantel

rigar wanka

kummikindad

safar roba

tampoon

audugar haila

hügieeniside

audugar mata

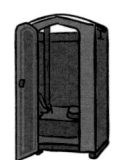

keemiline tualett

bandakin tafi-da-gidanka

lastetuba

dakin yaro

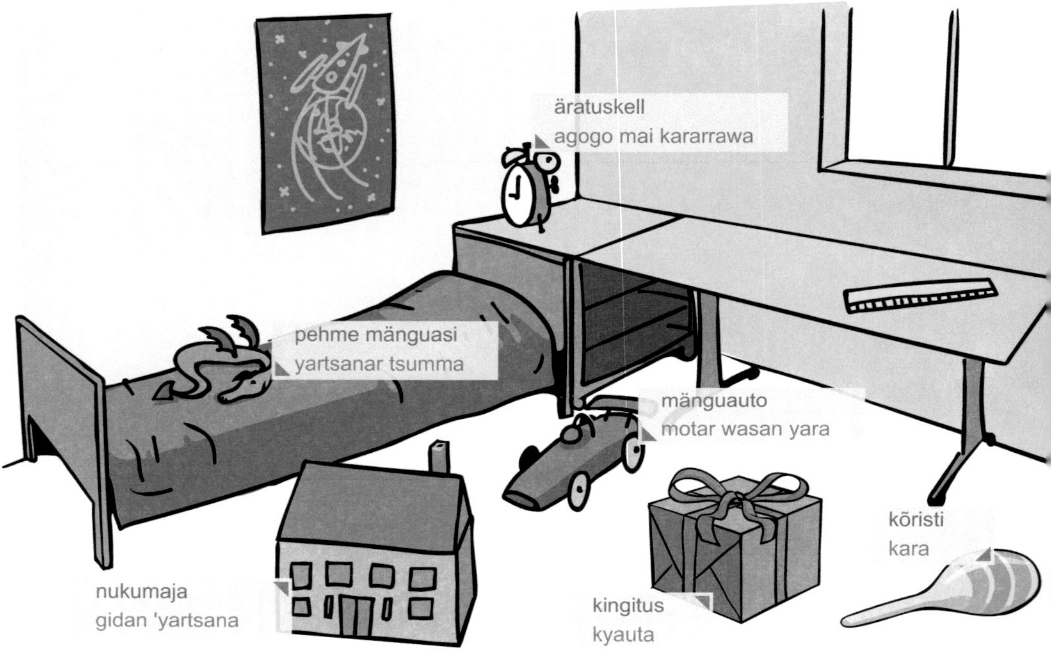
äratuskell
agogo mai kararrawa
pehme mänguasi
yartsanar tsumma
mänguauto
motar wasan yara
kõristi
kara
nukumaja
gidan 'yartsana
kingitus
kyauta

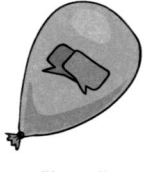

õhupall

balo

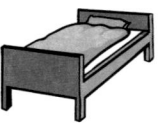

voodi

gado

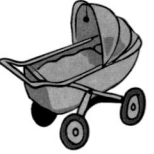

lapsevanker

keken jarirai

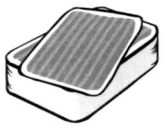

kaardipakk

benen kwalaye

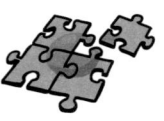

pusle

wasa kwakwalwa

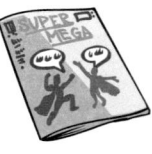

koomiks

ban dariya

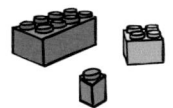

Lego klotsid

tubalan roba

klotsid

tubalan gini

kujuke

mutum-mai-aiki

siputuspüksid

rigar jariri

lendav taldrik

Dokin iska

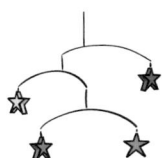

voodikarussell

tafi-da-gidanka

lauamäng

wasan dara

täringud

dan ludo

mudelrong

zubin kwatancin jirgin kasa

lutt

mutum-mutumi

pidu

walima

pildiraamat

littafi mai hotuna

pall

kwallo

nukk

yartsana

mängima

yi wasa

liivakast

akwatin yashi

kiik

lilo

mänguasjad

kayan wasan yara

mängukonsool

allon wasannin bidiyo

kolmerattaline jalgratas

babur mai taya uku

mängukaru

yartsanar tsumma

riidekapp

wadirob

riietus
tufafi

sokid

safa

sukad

sitokins

sukkpüksid

matse-jiki

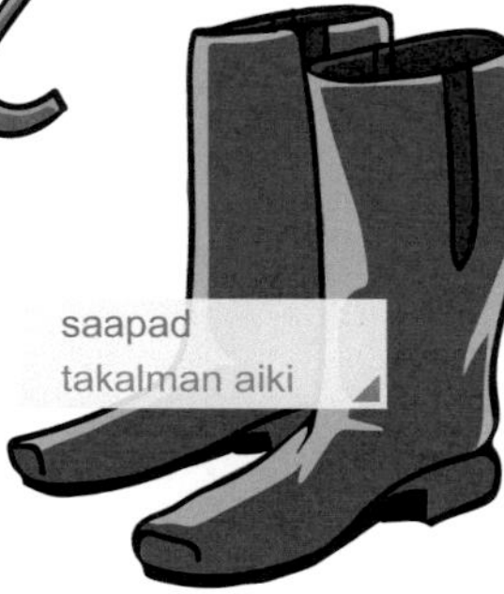

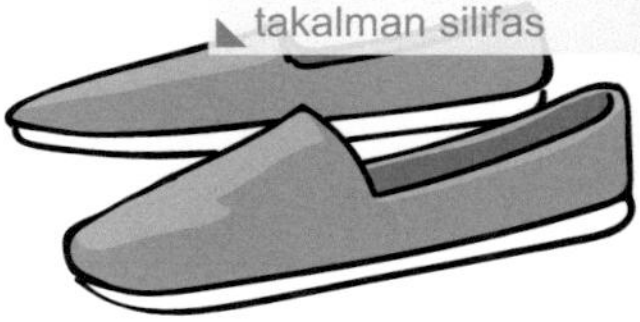

sall
adiko

vöö
belet

vihmavari
lema

T-särk
t-shat

tossud
takalman wasa

saapad
takalman aiki

sussid
takalman silifas

sandaalid
takalman sandal

jalatsid
takalma

kummikud
takalman roba

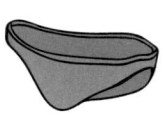

aluspüksid
kamfai

rinnahoidja
rigar nono

vest
falmaran

bodi

jiki

püksid

wando

teksapüksid

jeans

seelik

dantofi

pluus

rigar mata

särk

karamar riga

sviiter

riga mai hula

dressipluus

hular riga

bleiser

bileza

jakk

jaket

mantel

kwat

vihmamantel

rigar ruwa

kostüüm

kayan yayi

kleit

kayan sawa

pulmakleit

rigar aure

ülikond

kwat da wando

öösärk

rigar dare

pidžaama

kayan barci

sari

sari

pearätt

dankwali

turban

rawani

burka

hijabi

kaftan

kaftani

abayah

abaya

ujumistrikoo

rigar iyo

ujumispüksid

wandon wasa

lühikesed püksid

gajeran wando

dressid

kayan wasanni

põll

kyallen aiki

kindad

safar hannu

nööp

maballi

prillid

tabarau

käevõru

awarwaro

kaelakee

tsakiya

sõrmus

zobe

kõrvarõngas

dan kunne

nokamüts

hula

riidepuu

maratayin kwat

kaabu

malafa

lips

lakataya

tõmblukk

zi

kiiver

hular kwano

traksid

masu daidaita hakori

koolivorm

kayan makaranta

vormirõivad

yunifom

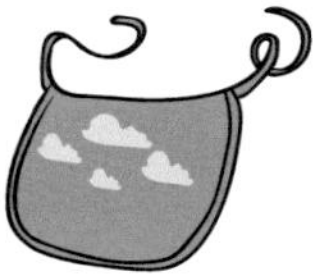

pudipõll

kyallen cin abincin jariri

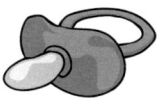

lutt

mutum-mutumi

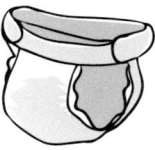

mähe

kunzugu

kontor

ofis

server
saba
arhiivikapp
kabed din fayiloli
printer
na'urar dab'i
monitor
fuskar kwamfuta
paber
takarda
hiir
mouse
kirjutuslaud
babban teburi
kaust
makunshi
klaviatuur
allon madannai
tool
kujera
paberikorv
kwandon shara
arvuti
kwamfuta

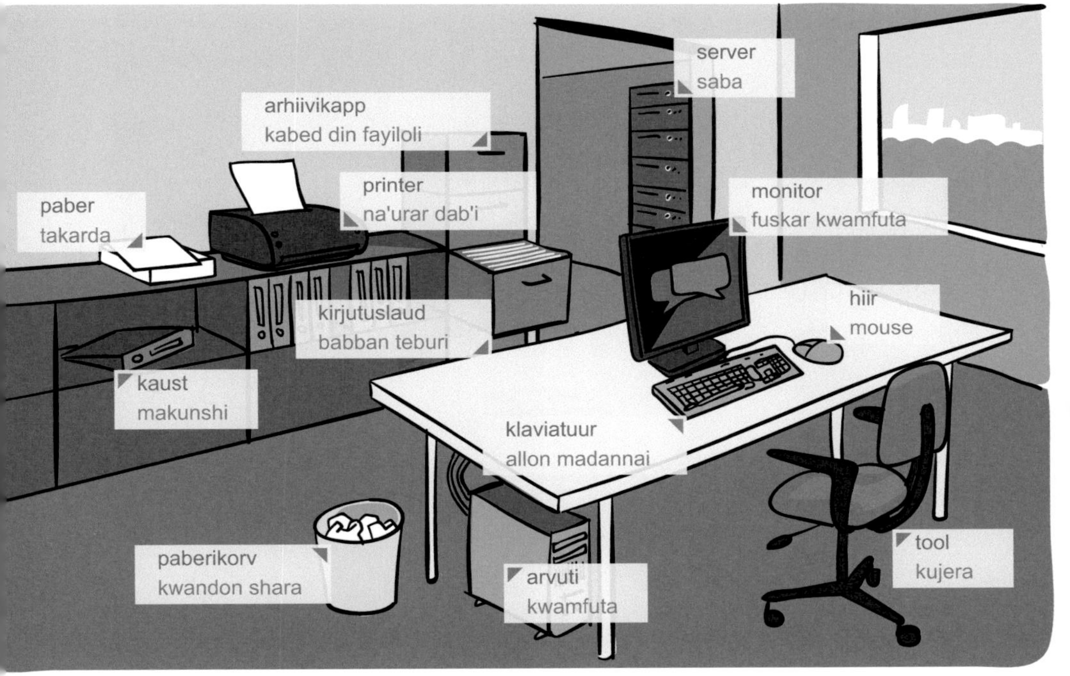

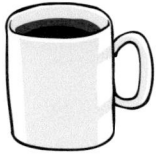

kohvikruus

tambulan kofi

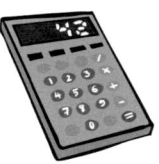

kalkulaator

kwakuleta

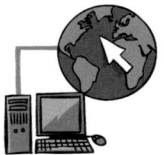

internet

intanet

sülearvuti

laptop

kiri

wasika

sõnum

sako

mobiiltelefon

tafi-da-gidanka

võrk

sadarwa

koopiamasin

na'urar hoton takarda

tarkvara

kwakwalwar kwamfuta

telefon

tarho

pistikupesa

jona soket

faksimasin

na'urar faks

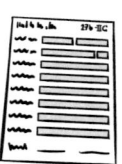

vorm

fom

dokument

daftari

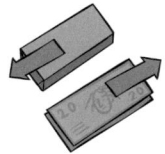

ostma

sayi

maksma

biya

vahetama

yi ciniki

raha

kudi

dollar

dala

euro

euro

jeen

yen

rubla

robul

Šveitsi frank

franc na Swiss

renminbi jüaan

renminbi yuan

ruupia

rupee

sularahaautomaat

injin bada kudi

valuutavahetuspunkt

gidan canjin kudi

kuld

zinare

hõbe

azurfa

nafta

mai

energia

makamashi

hind

farashi

leping

matuntuba

maks

haraji

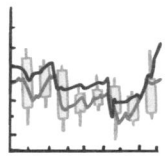

aktsia

kaya

töötama

yi aiki

töötaja

ma'aikaci

tööandja

mai daukar ma'aikata

tehas

masana'anta

kauplus

kanti

majandus - tattalin arziki

ametid
sana'o'i

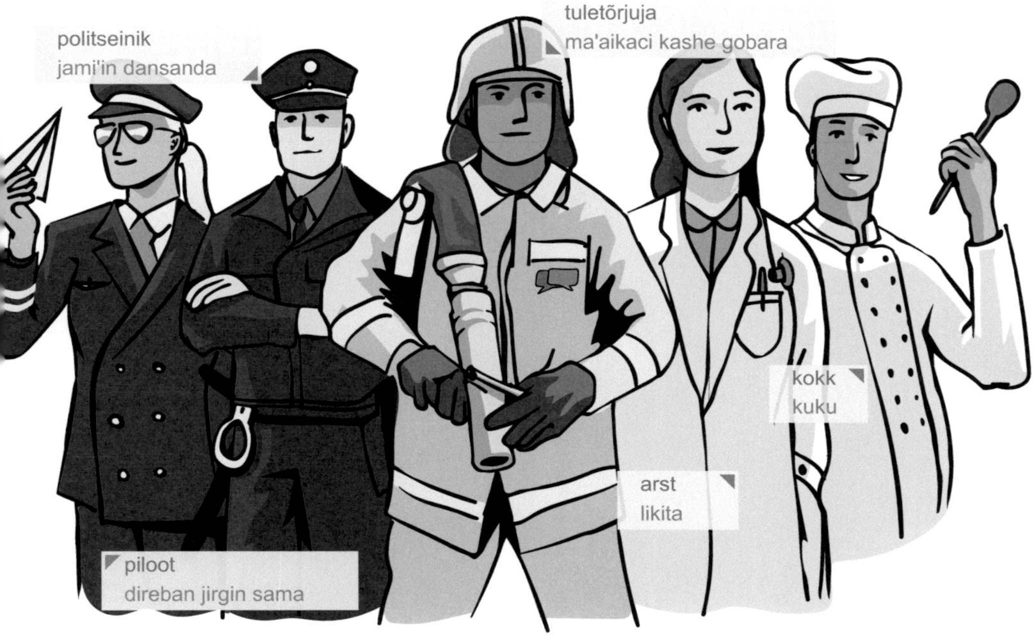
tuletõrjuja
ma'aikaci kashe gobara
politseinik
jami'in dansanda
kokk
kuku
arst
likita
piloot
direban jirgin sama

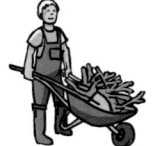

aednik

mai aikin lambu

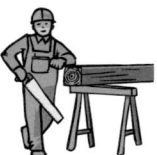

puusepp

kafinta

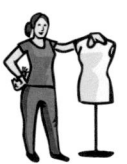

õmbleja

mace mai dinki

kohtunik

alkali

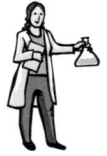

keemik

mai hada magunguna

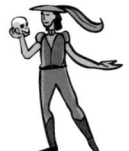

näitleja

jarumi

bussijuht

direban bas

taksojuht

direban tasi

kalamees

masunci

koristaja

mace mai shara

katusepaigaldaja

mai aikin rufi

kelner

sabis

jahimees

mafarauci

maaler

mai fenti

pagar

mai yin burodi

elektrik

mai gyaran lantarki

ehitaja

magini

insener

injiniya

lihunik

mahauci

torumees

mai gyaran famfo

postiljon

mai raba wasiku

sõdur
soja

arhitekt
mai zayyanar gidaje

kassapidaja
mai biyan kudi

lillemüüja
mai sayar da furanni

juuksur
mai gyaran gashi

piletikontrolör
mai kida

mehaanik
bakanike

kapten
kyaftin

hambaarst
likitan hakori

teadlane
masanin kimiyya

rabi
limamin yahudu

imaam
liman

munk
mai ibadar kirista

preester
malamin addini

tööriistad
kayan aiki

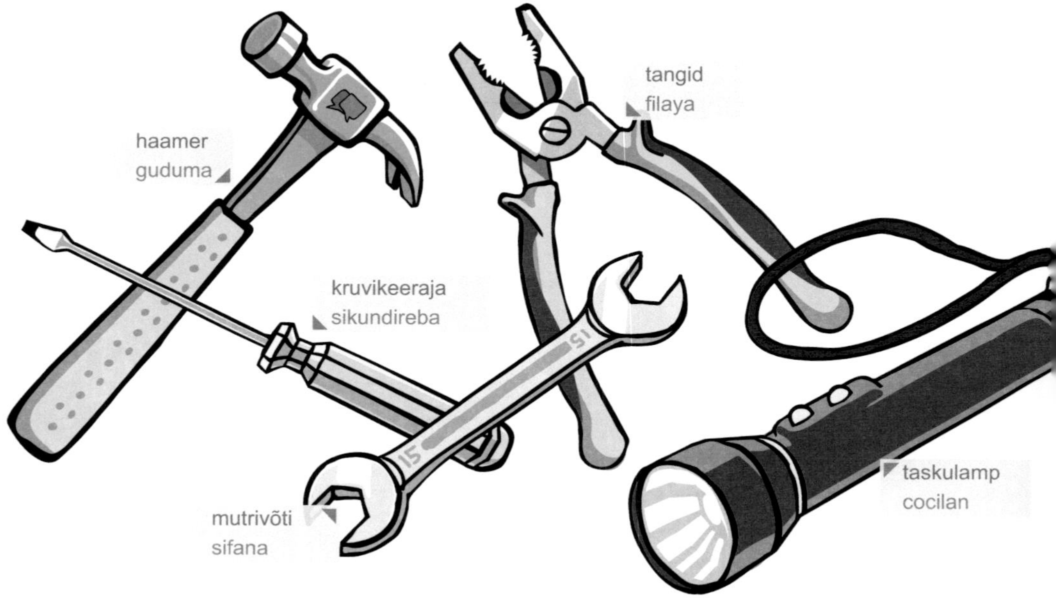
haamer
guduma
tangid
filaya
kruvikeeraja
sikundireba
mutrivõti
sifana
taskulamp
cocilan

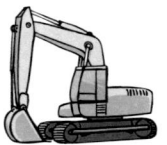

ekskavaator

diga

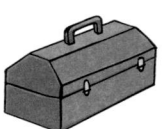

tööriistakast

akwatin kayan aiki

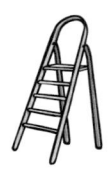

redel

tsani

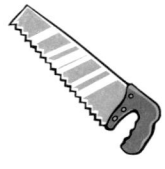

saag

zarto

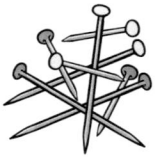

naelad

kusoshi

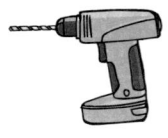

trell

abin hudawa

parandama
gyara

labidas
chebur

Põrgusse!
Tafdi!

kühvel
makwashin shara

värvipott
tukunyar fenti

kruvid
kusoshi masu barima

pillid
kayan kida

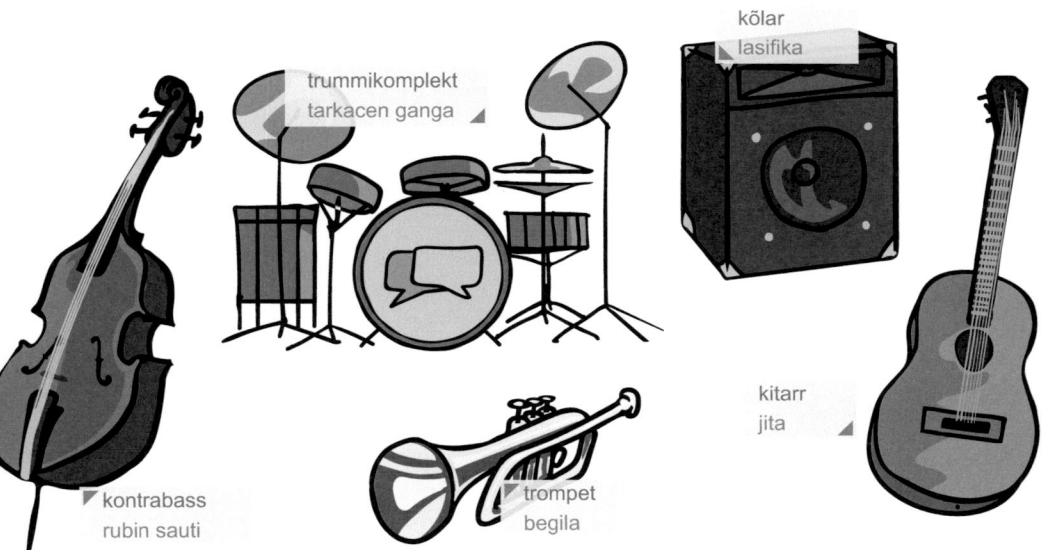

kõlar
lasifika

trummikomplekt
tarkacen ganga

kontrabass
rubin sauti

trompet
begila

kitarr
jita

klaver

fiyano

viiul

goge

bass

karamin sauti

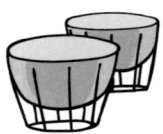

timpan

gangunan timpani

trummid

ganguna

süntesaator

masarrafin fiyano

saksofon

saxophone

flööt

sarewa

mikrofon

makirfo

loomaaed
gidan namun daji

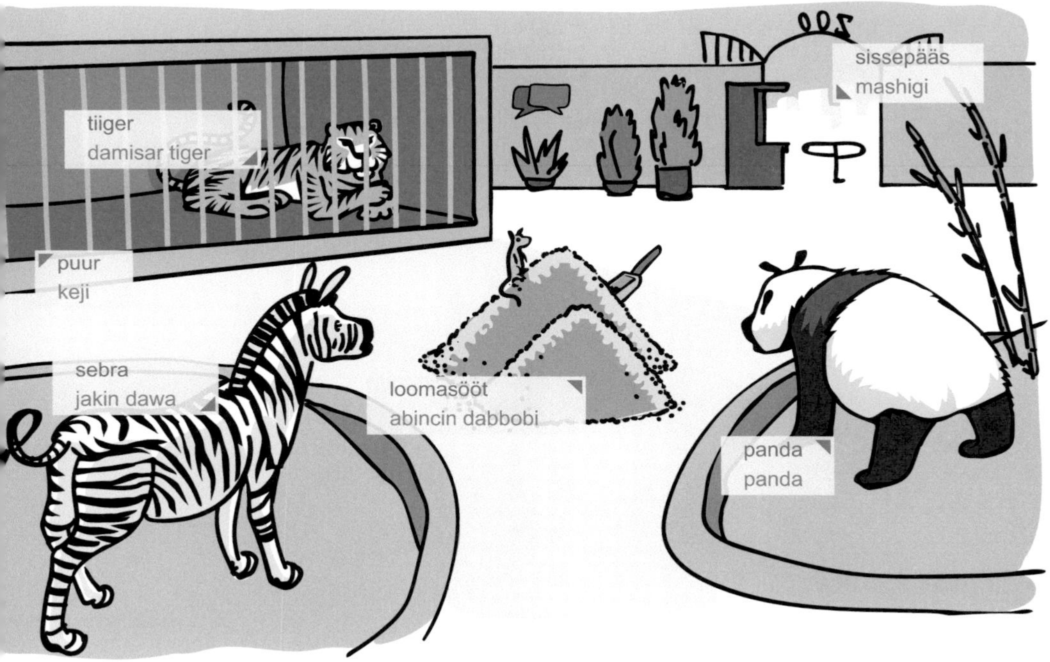
tiiger
damisar tiger
sissepääs
mashigi
puur
keji
sebra
jakin dawa
loomasööt
abincin dabbobi
panda
panda

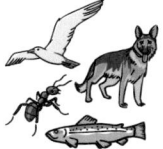

loomad

dabbobi

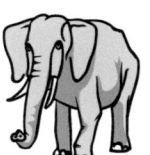

elevant

giwa

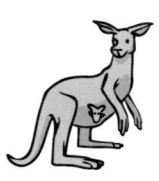

känguru

babba-da-jaka

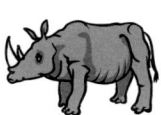

ninasarvik

karkanda

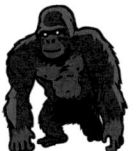

gorilla

goggon biri

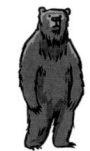

karu

dabbar bear

kaamel

rakumi

jaanalind

jimina

lõvi

zaki

ahv

biri

flamingo

dinya

papagoi

aku

jääkaru

bear ta yankin kankara

pingviin

penguin

hai

kifin shark

paabulind

dawisu

madu

maciji

krokodill

kada

loomaaiatalitaja

mai tsaro zu

hüljes

seal

jaaguar

damisar jaguar

poni

dukushi

leopard

damisar leopard

jõehobu

mugun dawa

kaelkirjak

rakumin dawa

kotkas

mikiya

metssiga

aladen daji

kala

kifi

kilpkonn

kunkuru

morsk

walrus

rebane

dila

gasell

barewa

Ameerika jalgpall
kwallon kafar Amurka

jalgrattasõit
tseren keke

tennis
wasan tennis

korvpall
kwallon kwando

ujumine
ninkaya

poksimine
dambe

jäähoki
kwallon gora na cikin ka

jalgpall

kwallon kafa

sulgpall

badiminton

kergejõustik

wasannin motsa jiki

käsipall

kwallon hannu

suusatamine

wasan kan kankara

polo

kwallon dawaki

tegevused
harkoki

naerma
yi dariya
hüppama
yi tsalle
kallistama
rungumi
jalutama
yi tattaki
laulma
rera waka
unistama
mafarki
palvetama
yi addu'a
suudlema
sumbaci

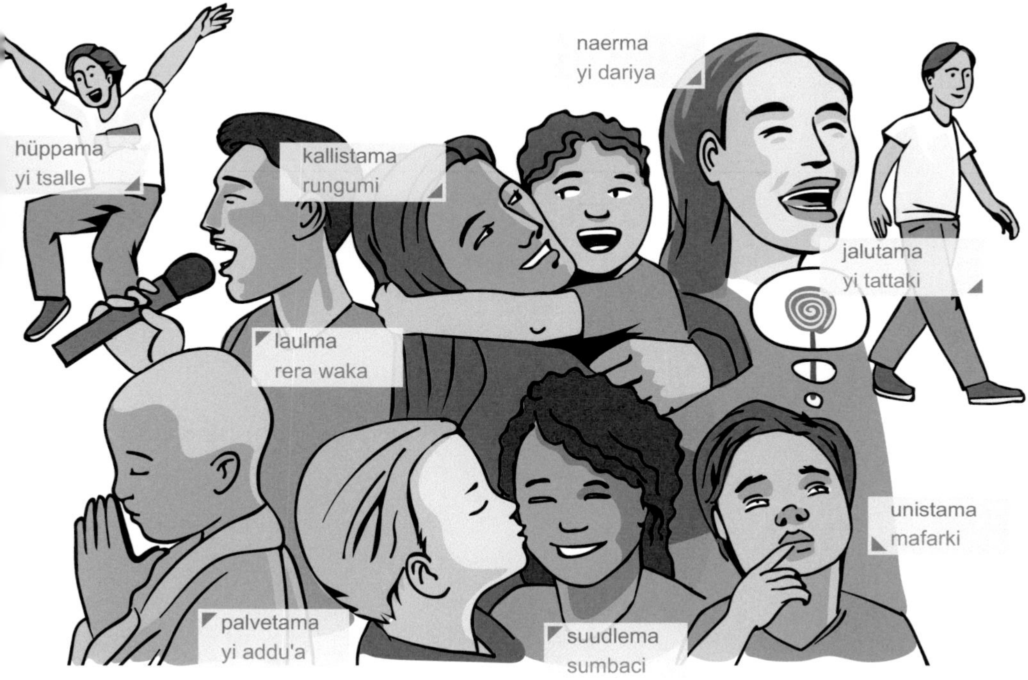

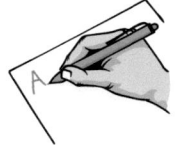

kirjutama

rubuta

joonistama

zana

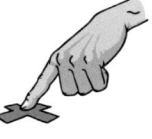

näitama

nuna

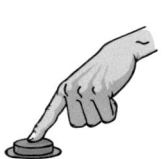

lükkama

tura

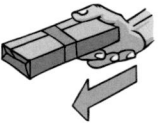

andma

bayar

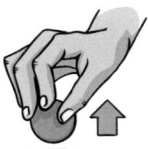

võtma

dauki

omama

sami

tegema

yi

olema

kasance

seisma

tsaya

jooksma

gudu

tõmbama

jawo

viskama

jefa

kukkuma

faduwa

lamama

yi karya

ootama

jira

kandma

dauki

istuma

zauna

riidesse panema

sanya tufafi

magama

yi barci

ärkama

farka

vaatama
kalli

nutma
kuka

paitama
bugi

kammima
taje

rääkima
yi magana

aru saama
fahimci

küsima
tambayi

kuulama
saurari

jooma
sha

sööma
ci

korrastama
tattare

armastama
yi soyayya

süüa tegema
dafa

sõitma
yi tuki

lendama
tashi

purjetama

tafi a kwalekwale

arvutama

kwakuleta

lugema

karanta

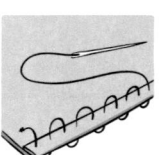

õppima

koyi

töötama

yi aiki

abielluma

yi aure

õmblema

dinka

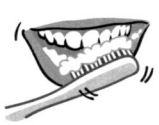

hambaid pesema

goge hakora

tapma

kashe

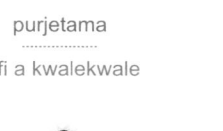

suitsetama

busa taba

saatma

aika

perekond
iyali

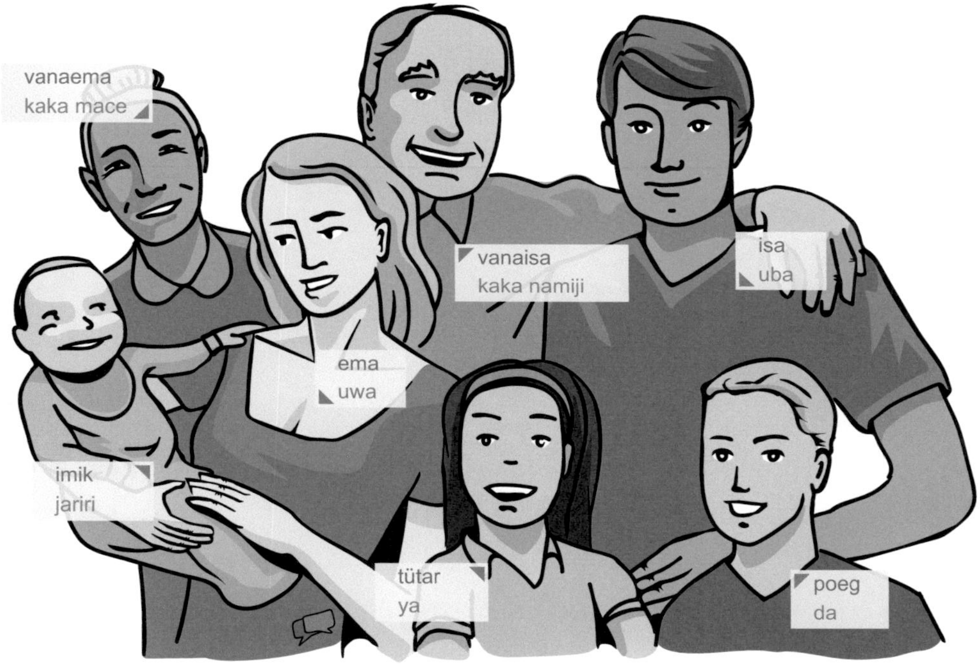
vanaema
kaka mace
vanaisa
kaka namiji
isa
uba
ema
uwa
imik
jariri
tütar
ya
poeg
da

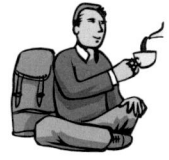

külaline

bako

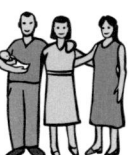

tädi

gwaggo

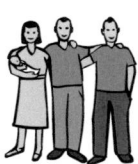

onu

kawu

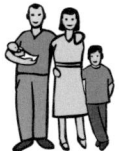

vend

dan'uwa

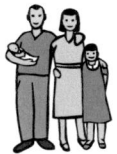

õde

yar'uwa

keha

jiki

otsmik
goshi
silm
ido
nägu
fuska
lõug
ha'ba
rind
nono
sõrm
yatsa
käsi
hannu
käsivars
damtse
õlg
kafada
jalg
kafa

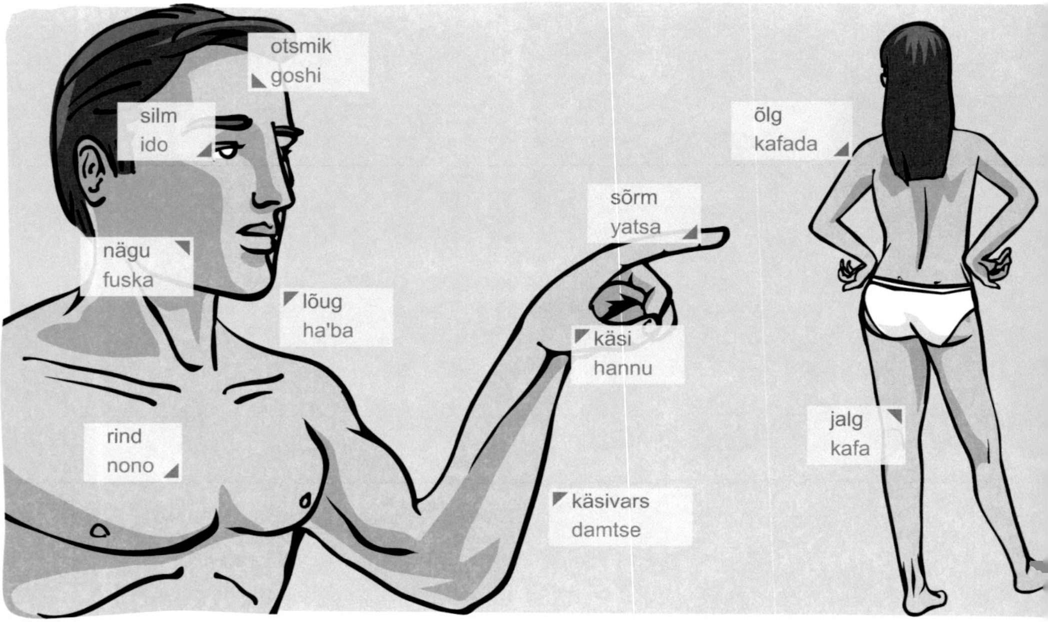

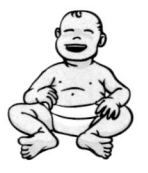

imik

jariri

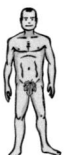

mees

mutum

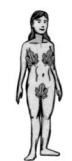

naine

mace

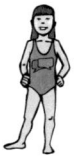

tüdruk

yarinya

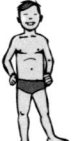

poiss

yaro

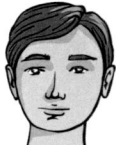

pea

kai

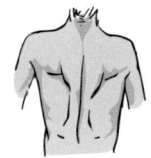

selg

baya

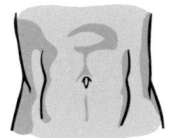

kõht

tulun ciki

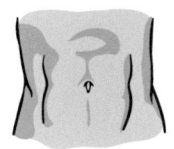

naba

maballin ciki

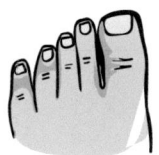

varvas

yatsan kafa

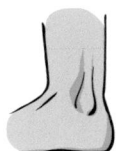

kand

dudduge

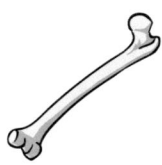

luu

kashi

puus

kugu

põlv

guiwa

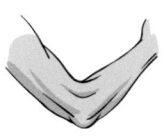

küünarnukk

guiwar hannu

nina

hanci

tagumik

kasa

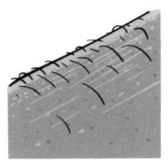

nahk

fata

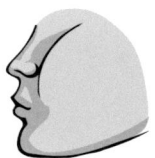

põsk

kumatu

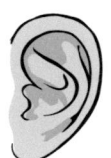

kõrv

kunne

huuled

lebe

keha - jiki

suu

wata

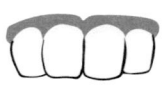

hammas

hakori

keel

harshe

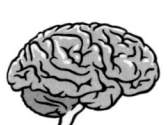

aju

kwakwalwa

süda

zuciya

lihas

kwanji

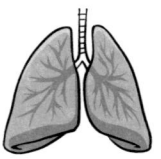

kops

huhu

maks

hanta

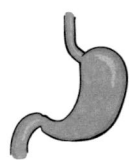

magu

ciki

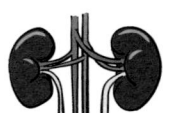

neerud

koda

seksuaalvahekord

jima'i

kondoom

kwaroron roba

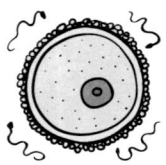

munarakk

kwan mahaifa

sperma

maniyyi

rasedus

juna-biyu

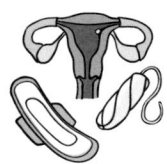

menstruatsioon

haila

vagiina

farji

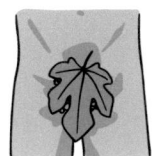

peenis

zakari

kulm

gira

juuksed

gashi

kael

wuya

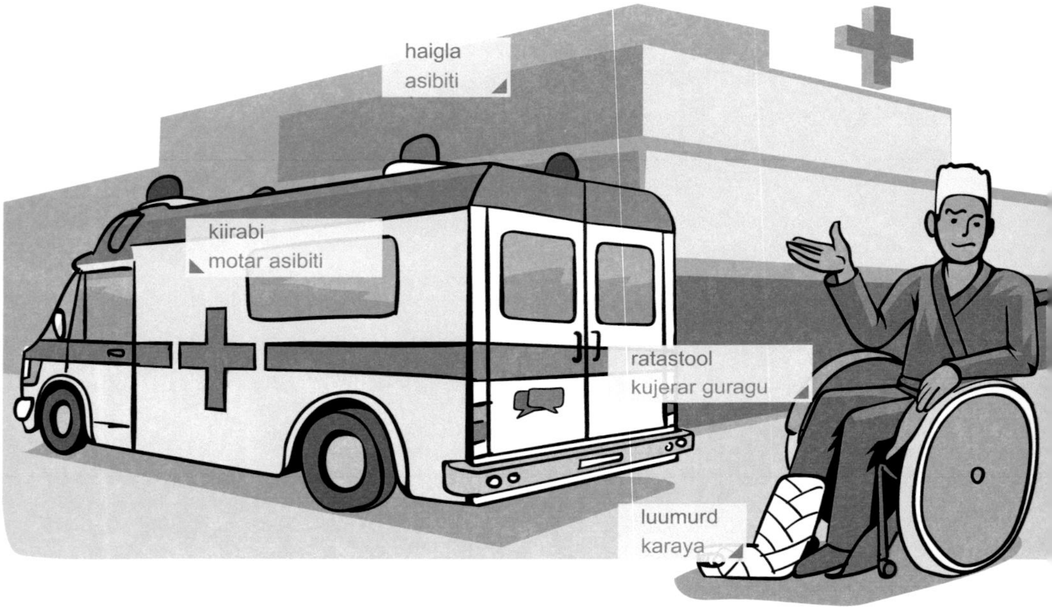

haigla
asibiti

kiirabi
motar asibiti

ratastool
kujerar guragu

luumurd
karaya

arst

likita

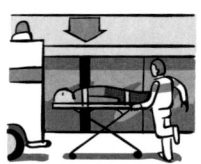

traumapunkt

dakin kulawar gaggawa

meditsiiniõde

ma'aikaciyar jinya

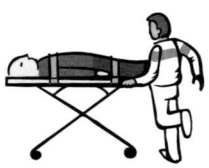

hädaolukord

na gaggawa

teadvuseta

magashiyyan

valu

radadi

vigastus
rauni

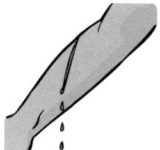

verejooks
zubar jini

südamerabandus
bugun zuciya

insult
bugun jini

allergia
kyan-jiki

köha
tari

palavik
zazzabi

gripp
mura

kõhulahtisus
gudawa

peavalu
ciwon kai

vähk
cutar sankara

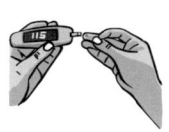

diabeet
ciwon suga

kirurg
likitan tiyata

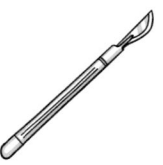

skalpell
wukar likita

operatsioon
tiyata

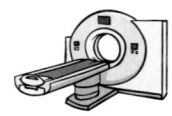

KT
CT

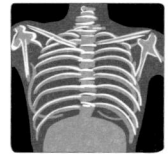

röntgen
hoton kirji

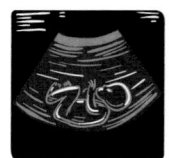

ultraheli
hoton ciki

mask
marufin fuska

haigus
cuta

ooteruum
dakin jira

kark
madogari

kips
filasta

side
bandeji

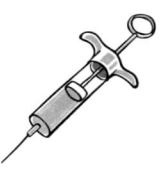

süst
allura

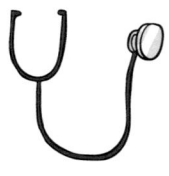

stetoskoop
na'urar awon zuciya

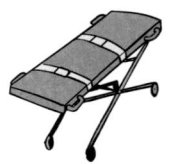

kanderaam
gadon daukar marar lafiya

kraadiklaas
na'urar auna zafin jiki

sünd
haihuwa

ülekaaluline
yawan nauyi

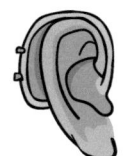

kuuldeaparaat

abin kara ji

desinfektsioonivahend

sinadarin kashe kwayoyin cuta

põletik

kamuwar cuta

viirus

kwayar cuta

HIV / AIDS

Cutar Kanjamau

meditsiin

magani

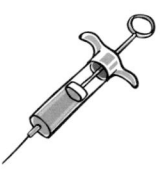

vaktsineerimine

riga-kafi

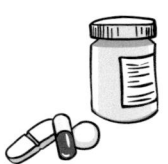

tabletid

kwayoyin magani

pill

magani

hädaabikõne

kiran gaggawa

vererõhuaparaat

ma'aunin hawan jini

haige / terve

cuta / lafiya

Appi!

Taimako!

häire

kararrawa

kallaletung

farmaki

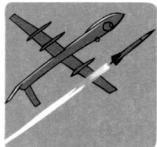

rünnak

hari

oht

hatsari

avariiväljapääs

kofar ko-takwana

Tulekahju!

Wuta!

tulekustuti

abin kashe wuta

õnnetus

hadari

esmaabikomplekt

kayan taimakon gaggawa

SOS

Neman taimako

politsei

dansanda

Euroopa

Turai

Põhja-Ameerika

Amurka ta Arewa

Lõuna-Ameerika

Amurka ta Kudu

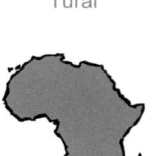

Aafrika

Afirka

Aasia

Asiya

Austraalia

Australia

Atlandi ookean

Atlantika

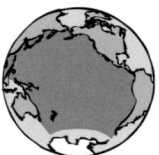

Vaikne ookean

Pacific

India ookean

Tekun Indiya

Lõuna-Jäämeri

Tekun Antatika

Põhja-Jäämeri

Tekun Arctic

põhjapoolus

Barin duniya na Arewa

lõunapoolus

Barin duniya na Kudu

Antarktika

Antatika

Maa

Kasa

maismaa

tsandauri

meri

kogi

saar

tsibiri

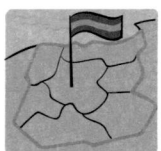

rahvus

kasa

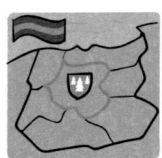

riik

jiha

sihverplaat

fuskar agogo

tunniosuti

hannun awa

minutiosuti

hannun mintuna

sekundiosuti

hannun dakika

Mis kell on?

Karfe nawa yanzu?

päev

rana

aeg

lokaci

praegu

yanzu

digitaalne kell

agogon dijita

minut

minti

tund

awa

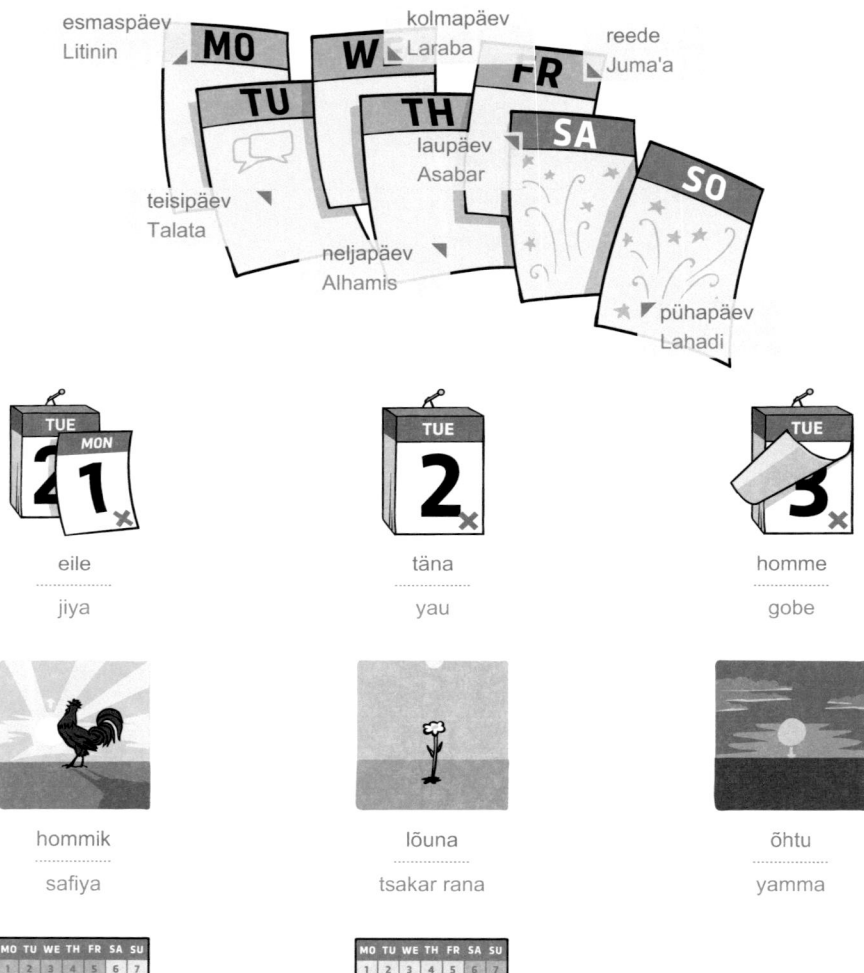

esmaspäev
Litinin — MO

kolmapäev
W — Laraba

reede
FR — Juma'a

TU

TH
laupäev
Asabar — SA

SO

teisipäev
Talata

neljapäev
Alhamis

pühapäev
Lahadi

eile
jiya

täna
yau

homme
gobe

hommik
safiya

lõuna
tsakar rana

õhtu
yamma

MO	TU	WE	TH	FR	SA	SU
1	2	3	4	5	6	7
8	9	10	11	12	13	14
15	16	17	18	19	20	21
22	23	24	25	26	27	28
29	30	31	1	2	3	4

tööpäevad
ranakun kasuwanci

MO	TU	WE	TH	FR	SA	SU
1	2	3	4	5	6	7
8	9	10	11	12	13	14
15	16	17	18	19	20	21
22	23	24	25	26	27	28
29	30	31	1	2	3	4

nädalavahetus
karshen mako

vihm
ruwan sama

vikerkaar
bakan-gizo

lumi
dusar kankara

tuul
iska

kevad
damina

sügis
Kaka

suvi
bazara

talv
lokacin sanyi

4.APRIL	11°	☀
5.APRIL	4°	
6.APRIL	13°	
7.APRIL	8°	❄
8.APRIL	10°	☀

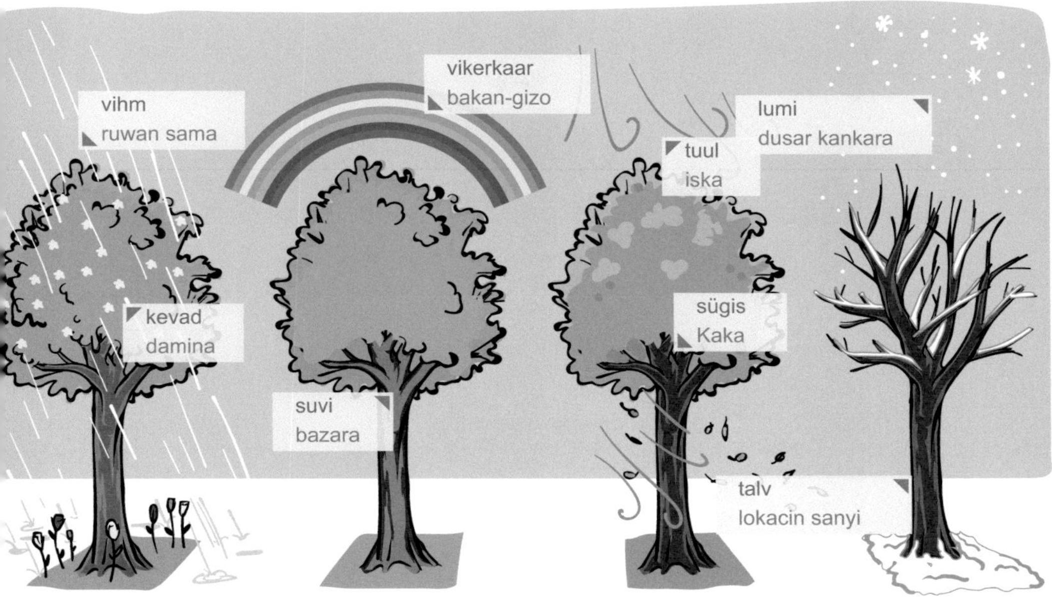

ilmaennustus

hasashen yanayi

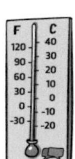

termomeeter

na'urar gwajin zafi da sanyi

päikesepaiste

hasken rana

pilv

gajimare

udu

hazo

niiskus

dumi

pikne

walkiya

kõu

aradu

torm

guguwa

rahe

kankarar ruwan sama

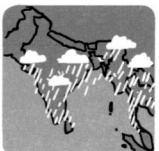

mussoon

iskar bazara

üleujutus

ambaliyar ruwa

jää

kankara

jaanuar

Janairu

veebruar

Fabarairu

märts

Maris

aprill

Afirilu

mai

Mayu

juuni

Yuni

juuli

Yuli

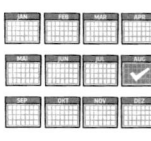

august

Agusta

september
....
Satumba

oktoober
....
Oktoba

november
....
Nuwamba

detsember
....
Disamba

kujundid

siffofi

ring
....
da'ira

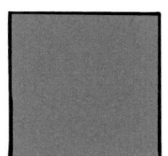

ruut
....
murabba'i

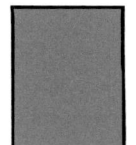

nelinurk
....
kusurwa hudu

kolmnurk
....
kusurwa uku

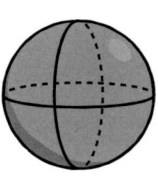

kera
....
mulmulalle

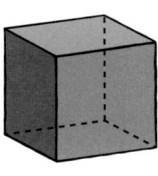

kuup
....
dunkule

valge

fari

kollane

rawaya

oranž

ruwan lemo

roosa

ruwan shanshanbali

punane

ja

lilla

garura

sinine

shudi

roheline

kore

pruun

ruwan kasa

hall

ruwan toka

must

baki

palju / vähe

da yawa / kadan

vihane / rahulik

fushi / nutsuwa

ilus / inetu

kyakkyawa / mummuna

algus / lõpp

farko / karshe

suur / väike

babba / karami

hele / tume

mai haske / mai duhu

vend / õde

dan uwa / 'yar uwa

puhas / must

mai tsafta / kazami

täielik / puudulik

cikakke / maras cika

päev / öö

rana / dare

surnud / elus

matacce / mai rai

lai / kitsas

mai fadi / matsattse

söödav / mittesöödav

na ci / ba na ci ba

kuri / sõbralik

mugu / mai tausayi

põnevil / tüdinud

mai karsashi / gajiyayye

paks / peenike

kakkaura / siriri

esimene / viimane

na farko / na karshe

sõber / vaenlane

aboki / makiyi

täis / tühi

cikakke / holoko

kõva / pehme

mai tauri / mai laushi

raske / kerge

mai nauyi / maràr nauyi

nälg / janu

yunwa / kishin ruwa

haige / terve

cuta / lafiya

ebaseaduslik / seaduslik

haramtacce / halastacce

tark / rumal

mai basira / dakiki

vasak / parem

hagu / dama

lähedal / kaugel

kusa / nesa

uus / kasutatud

sabo / na-hannu

mitte midagi / midagi

ba komai / wani abu

vana / noor

tsoho / yaro

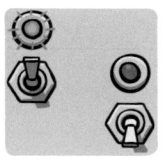

sees / väljas

kunna / kashe

lahti / kinni

a bude / a rufe

vaikne / vali

shiru / kara

rikas / vaene

mai arziki / talaka

õige / vale

daidai / bata

kare / sile

mai kaushi / mai santsi

kurb / rõõmus

bakin ciki / farin ciki

lühike / pikk

gajere / dogo

aeglane / kiire

a sannu / da sauri

märg / kuiv

jikakke / busasshe

soe / jahe

dumi / sanyi

sõda / rahu

yaki / zaman lafiya

0	**1**	**2**
null	üks	kaks
sifili	daya	biyu

3	**4**	**5**
kolm	neli	viis
uku	hudu	biyar

6	**7**	**8**
kuus	seitse	kaheksa
shida	bakwai	takwas

9	**10**	**11**
üheksa	kümme	üksteist
tara	goma	goma sha daya

12

kaksteist

goma sha biyu

13

kolmteist

goma sha uku

14

neliteist

goma sha hudu

15

viisteist

goma sha biyar

16

kuusteist

goma sha shida

17

seitseteist

goma sha bakwai

18

kaheksateist

goma sha takwas

19

üheksateist

goma sha tara

20

kakskümmend

ashirin

100

sada

dari

1.000

tuhat

dubu

1.000.000

miljon

miliyan

inglise

Turanci

Ameerika inglise

Turancin Amurka

mandariini

Mandarin na China

hindi

Hindi

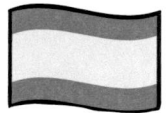

hispaania

Sifaniyanci

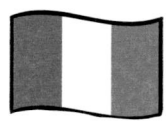

prantsuse

Faransanci

araabia

Larabci

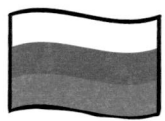

vene

Yaren Rasha

portugali

Yaren Portugal

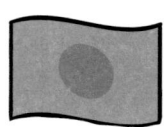

bengali

Bengali

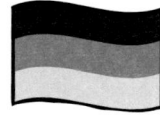

saksa

Yaren Jamus

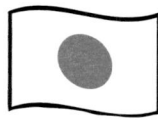

jaapani

Yaren Japan

mina

ni

sina

kai

tema

shi / ita / ita

meie

mu

teie

ku

nemad

su

kes?

wa?

mis?

me?

kuidas?

ya ya?

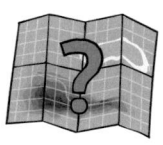

kus?

a ina?

millal?

yaushe?

nimi

suna

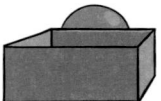

taga

a baya

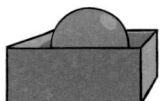

sees

a ciki

ees

a gaban

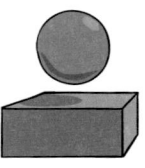

kohal

saman

peal

akai

all

karkashi

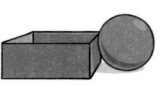

kõrval

a gefe

vahel

a tsakani

koht

wuri